Tagebuch
21.5.-4.6.1988

Damaris von der Heyden

Israel 1988
Tagebuch
einer ganz normalen Reise

Bibliografische Information der Deutschen Nationalbibliothek: Die Deutsche Nationalbibliothek verzeichnet
diese Publikation in der Deutschen Nationalbibliografie;
detaillierte bibliografische Daten sind im Internet über
dnb.dnb.de abrufbar.

Umschlaggestaltung, Grafik und Layout:
Damaris von der Heyden
Herstellung und Verlag:
BoD – Books on Demand, Norderstedt 2018
ISBN: 9783752805246

Vorwort

Ich erinnere mich:

Mai 1988, Pfingstferien
Meine Eltern hatten für diese Ferien etwas
Besonderes geplant: eine Reise nach Israel.
Sie waren bereits dort gewesen und wollten
auch uns Kindern das Heilige Land zeigen.
Wir reisten in der für diese Art Reisen typischen
Weise: in einer zusammengewürfelten Gruppe
mit einer deutschen Reiseleitung mit kirchli-
chem Hintergrund, und mit einer israelischen
Reiseleitung vor Ort.

Und vor allem mit einem straff durchorgani-
sierten Programm. Das war nicht gerade die
Art Urlaub, die bei Jugendlichen Stürme der
Begeisterung zu wecken pflegt.

Ich war damals 18, noch ziemlich unreif, und
steckte gerade mitten im Abitur. Meine Brüder
Tobias und Gregor waren 21 und 16, und wir drei
die jüngsten Teilnehmer. Doch die Gruppe war,
soweit ich mich erinnern kann, altersmäßig
gut gemischt, und es waren noch einige andere
junge Erwachsene mit von der Partie. Ich teilte

mein Zimmer mit einer jungen Frau, die mich damals recht beeindruckt hat.

Jetzt, dreißig Jahre später, fiel mir mein Reisetagebuch wieder in die Hände.

Beim Lesen denke ich an die Berichte einer Freundin, die erst vor Kurzem in Israel war – und vergleiche. Ich denke an meinen Vater, der vor ein paar Jahren gerne noch einmal dorthin gefahren wäre. Die Reise war schon gebucht – und fiel dann aufgrund von Unruhen kurzfristig aus. Neulich hat er sich einen Bildband über „die Mauer" in Israel gekauft. Beim Durchblättern denke ich: So sieht das Israel meiner Erinnerungen nun nicht aus – oder etwa doch?

Israel ist ambivalent:
Faszinierend, erschreckend, abstoßend, schön.

Israel ist irgendwie immer präsent: In den Nachrichten, in Reiseprospekten von Supermärkten, in der Kirche, in den Köpfen aller, die sich mit biblischen Geschichten beschäftigen.

Und vor allem ist es eins: nicht fassbar, nicht begreifbar. Diese Einschätzung teile ich mit der, die ich vor dreißig Jahren war.

Damals hat die Achtzehnjährige aufgeschrieben, was sie erlebt hat und was sie sich dabei dachte: Sie hat persönliche Erinnerungen eilig in ein Oktavheft gekritzelt, meist zwischen dem vollem Programm und der lästigen Notwendigkeit, auch einmal schlafen zu müssen. Sie hatte dabei nicht im Sinn, den Inhalt des Heftes jemals zu veröffentlichen. Der Satzbau ist nicht geschliffen, und oft versammeln lange Bandwurmsätze so viele Informationen wie irgend möglich auf engstem Raum. Manchmal verschwinden Gedanken mitten im Satz.

Dieses Tagebuch ist banal: Die Beschreibung einer jener üblichen Reisen, wie sie tausendfach unternommen wurden und werden. Und doch scheint es mir es heute wert, aus der Schublade gezogen zu werden: Es zeigt ein kleines Mosaiksteinchen dieses unbegreifbaren Israel, den normalen Touristenalltag im Jahr 1988.

Beim Abtippen habe ich der leichteren Lesbarkeit halber die Rechtschreibung sanft den heutigen Gebräuchen angepasst und das eine oder andere Komma durch einen Punkt ersetzt. Erläuterungen, die mir zum Verständnis dieses privaten Textes nötig schienen, habe ich in eckige Klammern gesetzt. Im Original sind Orte und Gebäude, die wir damals besichtigt haben, farbig unterstrichen. Im Druck sind diese kursiv gesetzt. Die Namen der damaligen Mitreisenden wurden geändert.

Kommen Sie mit auf meine vergangene Reise!

Damaris von der Heyden
Dorfen, im Mai 2018

<u>Tel Aviv, den 21. Mai 1988</u>

Abfahrt München Hbf, 9:37 Uhr,
... und ich verstehe wirklich nicht, warum ich
um 6 Uhr aufgestanden bin. Wir waren eine
ganze Stunde zu früh am Bahnhof. Nur Papa
kam erst in allerletzter Minute, und er hatte die
Fahr- und Platzkarten. Also: das übliche Chaos.
Dafür war die Fahrt halbwegs lustig, und ich
habe doch gleich mit dem „Fräulein von Scuderi"
meine Literaturkenntnisse aufgebessert.

Am Flughafen wurden die Eltern reichlich
nervös. Allerdings ging meines Erachtens alles
ganz gut ab. Sie guckten zwar in alle Koffer, in
meinen aber nicht so ausgiebig. (Ich verstehe
allerdings nicht so genau, warum, vielleicht
wegen meines Charmes.) Offiziell sollte das
Flugzeug um 16:35 Uhr starten, aber um diese
Uhrzeit saßen wir noch gemütlich im Warte-
saal, amüsierten uns (Tobi und ich) und guckten die ganzen fremden Flugzeuge an. Als wir
dann dran waren, fiel Mutter erst einmal aus
allen Wolken wegen der Maschine. Es war eine
alte Boeing 707, die aussah, als würde sie jeden
Moment auseinanderfallen (wirklich haarsträubend!). So ca. um 17 Uhr erfuhren wir dann,

dass wir eine halbe Stunde Verspätung haben würden. Ob noch oder schon, wurde der eigenen Interpretation überlassen. Fensterplätze waren für uns nicht mehr frei gewesen, aber ich saß neben einem netten Ehepaar, das mich ans Fenster ließ.

Ich weiß nicht, ob ich fliegen unhuman, unnatürlich oder unheimlich finden soll. Angst hatte ich zwar eigentlich keine, aber ich war schon sonderbar beeindruckt. Wenn man so die immer kleiner werdende Landschaft an der großen, unheimlichen Tragfläche vorbeiziehen sieht, kommt man sich vor wie in einem schlechten Trickfilm.

Dann stießen wir durch die Wolkendecke, einen dichten Nebel, und darüber schien natürlich nur die Sonne. Anfangs konnte man durch die hin und wieder aufreißenden Wolken die Erde sehen, aber dann waren wir so hoch, dass sie einfach zu weit weg war. Die Wolken sahen von oben entweder wie Schnee aus, ganz weiß und unberührt, oder wie weiße Watte oder Seifenschaum, richtig einladend zum Hineinspringen.

Der Mensch ist schon ein komisches Wesen. Ich weiß gerade nicht, ob ich jetzt seine wissenschaftlichen Leistungen hochrühmen soll, dass er es möglich macht, zum Beispiel zu fliegen, oder ob ich diese Fliegerei nicht eher für widernatürlich unmenschlich halten soll. Ich glaube fast, Letzteres liegt mir näher. Vielleicht wegen des mangelnden wissenschaftlichen Hintergrunds.

Wie dem auch sei: In *Tel Aviv* angekommen, gab es nur noch eine Passkontrolle und die Gruppenzusammenfindung. Wir lernten unseren Guide, Miriam, Bus und Busfahrer Bassam kennen. Der Bus ist voll bonzig, klimatisiert, topmodern und riesig groß. Ich hatte mir unter 'Bus' etwas anderes vorgestellt, wesentlich abenteuerlicher (auf jeden Fall primitiver).

Die erste Fahrt bei Nacht durch Tel Aviv war schockierend. Es kam mir vor, als würden wir durch Slums fahren. Kein einziges Haus, das einen vernünftigen Anstrich und keine abfallenden Balkone, einstürzenden Dächer oder Fensterläden hatte. Ich glaube, ich hatte ganz falsche Erwartungen, als ich hierher fuhr. Ich hätte vielleicht gleich mit der Vorstellung von einem furchtbar heruntergekommenen Entwicklungsland herkommen sollen, statt mit dem Vorurteil, hier so schnieke kleine Städtchen oder so wie in der BRD vorzufinden.

Wir stiegen im Park-Hotel ab, wo wir noch einen „kleinen Imbiss" einnahmen. Die Koffer wurden, mit Zimmernummern beklebt, in den Flur gestellt, aber der viel gerühmte Service mit dem Koffer-ins-Zimmer-Tragen endete auf dem Flur einen Stock höher. Morgen, wenn wir wieder abreisen, stellen wir unsere Koffer auf den Gang, dann werden sie in das Foyer getragen, dann müssen wir nachkontrollieren, ob sie auch da sind, und dann werden sie in den Bus gebracht. Wahrscheinlich wäre es wesentlich weniger Aufwand, würde jeder seinen Koffer selbst nehmen und in den Bus einpacken.

Wie dem auch sei – Cornelia, meine Zimmergenossin, und ich gingen noch auf einen Sprung an den Strand. Es war auf der Straße noch sehr viel los, und furchtbar viele junge Leute unterwegs (immerhin um ca. 1 Uhr).

Um ca. 2 Uhr herum machten wir uns ans Ja-heia-ja-poofi [Schlafen], was aber sehr schwierig ist, da die ganze Nacht raue Massen von Autos unten vorbeifuhren. Autofahren scheint in diesem Land nicht ohne Lärm zu gehen (vor allem Hupen die ganze Nacht). Vielleicht haben israelische Autos statt einer Bremse die Hupe?

Tel Aviv, Pfingstsonntag, 22. Mai 1988

Per Telefon um 7:45 Uhr geweckt, bis 9 Uhr gefrühstückt und abfahrbereit. Eigentlich hätte ich schon Hunger gehabt, und das Frühstück war auch gut. Aber ich habe in diesem Nobel-hotel (****, naja) noch keine Treppe gefunden, und der Aufzug ist eine Zumutung, wo mir doch sonst eigentlich nicht so schnell schlecht wird. Aber danach (ein Stockwerk abwärts) hat sich mein Magen von innen schon enorm seltsam angefühlt.

Auf dem Programm stand Gottesdienst. *Immanuel-Kirche* von Tel Aviv, lutherisch. Von dem Gottesdienst auf Englisch habe ich nicht so arg viel verstanden. Die Predigt war sehr lang, und ich sehr müde (vielleicht war auch die Predigt ermüdend). Dafür war die Kirche aber recht schön, wohl ein Bau, den baden-württembergische Siedler des Templerordens Ende letzten Jahrhunderts gebaut haben. Mit neuen Glasfenstern (die ich eigentlich recht schön fand, nur die tiefe Symbolik des vorderen traf nicht ganz meinen Geschmack). Nach dem Gottesdienst gab's Tee und Gebäck und eine Erklärung der Kirche und der Gemeinde. Sie gehört zum lutherischen Weltbund, wird von Norwegen her gehalten, hat die Gottesdienste immer samstags (Shabbat – Feiertag!) und besteht zu zwei Dritteln aus Judenchristen. Dann ging es noch ewig hin und her, was Judentum ist und welche Schwierigkeiten ein Judenchrist hat, und welche Identitätsprobleme ... Einige in unserer Gruppe sind sehr schlau, und es sind sehr viele Pfarrer (viele i. R.) dabei. Naja. Jeder weiß eben etwas, und einige wissen es eben besonders gut.

Um ca. 13 Uhr Weiterfahrt von der Kirche nach Jaffa (Jafo, Joppe).

Einige unterstützte Künstler haben aus einem Ruinenhaufen eine sterile kleine Vorzeigegegend gemacht, die lieblos und leer wirkt. O. k., heute war Feiertag, und die Israelis saßen alle im Park und grillten. Und alle Geschäfte waren zu, von denen man mir sagte, dass sie sehr schnuckelig und schön seien. Und deswegen fehlte wohl das Leben in diesem vielgerühmten Stadtteil. Aber ich weiß nicht, ob er mir mit dem allen so viel besser gefallen hätte. Dafür ist Tel Aviv viel zu kaputt und zu furchtbar, als dass ein paar schöne Häuser, die offensichtlich nur als Touristenattraktion herausgeputzt sind, den schlechten Eindruck übertünchen könnten.

Außerdem nervt mich das Touristendasein ein wenig. Jeder hat seinen heiligen Fotoapparat um den Hals hängen. Man steigt in den Bus, dann blickt man nach rechts, ah, und nach links, oh, dann steigt man aus, watschelt einmal in der Runde der Guide hinterher, ah und oh, und steigt wieder in den Bus. Wow. Tobi und Gregor und ich sind von Jaffa zu Fuß zum Park-Hotel zurückgegangen. (Es war gar nicht weit, und wir kamen auch an der Kirche vorbei. Warum muss man da jeden Schritt mit dem Bus fahren?) Dabei haben wir ziemlich viel Umweg gemacht. Die Stadt ist bei Tag nicht schöner als in der Nacht. Es ist eigentlich unbeschreiblich.

Die Tel Aviver lagen heute alle in der Sonne. Sie sehen eigentlich ganz modern aus. (Für meinen Geschmack fast zu modern.) Man fällt jedenfalls nicht auf, wenn man poppige Streifenhosen anhat [so wie ich damals]. (Am Anfang hatte ich da Sorge, weil ich finde, dass die fremden Touristen nicht so unmöglich herumlaufen sollten.) Auffallen kann man hier als Tourist eigentlich überhaupt nicht, höchstens positiv. Bis jetzt glaube ich nicht, dass ich dieses Land werde verstehen können. Wie kann man so [herausgeputzt] herumlaufen, und so [schäbig] wohnen? Noch dazu müssten ja alle Einwohner Immigranten aus ganz zivilen Gegenden sein. Dass sie da so gar nichts mitgebracht haben? Bisher verstehe ich auch noch nicht, wieso alle Leute so von Israel begeistert sind. Selbst von den Mauern des Hauses von Simon dem Gerber in Jaffa hat mich jene Faszination des Alten, die mir sonst oft kommt, wenn ich vor alten Gemäuern stehe, nicht beschlichen. Hier ist einfach alles zu gegensätzlich. Ich bin eigentlich nicht kompetent, da mitzureden, aber – Jetzt habe ich das Ende von dem Satz vergessen.

Dieser Staat nimmt sich so ungeheuer wichtig.

*Wetter: Warm, aber angenehm. Die sibirische Hitze ist durchaus erträglich, auch wenn die Sonne mir heute im Nacken gleich einen Sonnenbrand gemacht hat. Als wir hier im Hotel ankamen: Abendessen. (Das heißt, um 19 Uhr. Von 16 Uhr bis Abendessen habe ich gepennt und hätte es auch beinahe verschlafen.) Jetzt bin ich auch schon sehr müde, was ich an meinem Deutsch merke. Nach dem Dinner stellte ein furchtbar schlauer Pastor i. R. alle vor und regte gleich eine allmorgendliche Andacht und Singerei ... an. (Den giftigen Kommentar spare ich mir jetzt.)

Eigentlich hätte ich noch eine ganze Menge Kommentare auf Lager: zu Miriam, die ganz passabel ist; Cornelia, meine Zimmergenossin, ist auch sehr nett (Sonderschullehrerin); vom Bus funktionierte die Klimaanlage nicht, weswegen heute Caesarea ausfiel (der Busfahrer fuhr nach Jerusalem, zur Reparatur. Ich fand allerdings schon, dass sie funktionierte, aber wahrscheinlich sind meine Ansprüche weit unter dem erwarteten Touristenniveau). Tobi sieht alles furchtbar negativ. Mit einigem hat er, nüchtern betrachtet, glaube ich, schon recht, wenn man sich dieses Land so anschaut. Aber wie ist es mit Gottes Verheißung, und überhaupt mit Gott? Man könnte schon ins Zweifeln geraten. Dieses Volk scheint ja durch seine Zugehörigkeit zu Gott, oder gerade deswegen, immer ganz miserabel dran gewesen zu sein. Und auch jetzt sieht es so aus, als könne es kaum schlechter werden. Dass das alles aus der Abkehr von Gott kommt, befriedigt mich im Moment nicht so ganz. Freilich kommt Elend immer aus Abkehr von Gott ... Aber – naja. Ich glaube, zu so hochphilosophischen Gedanken bin ich heute nicht mehr fähig. Vielleicht streiten ja nur blinder Bibelglaube an alles und eigener Verstand in mir gegeneinander.

Hier erwähnen muss ich noch: Joppe – Jona. [Jafo wird in Jona 1,3 als Hafenstadt erwähnt.]

Aber sehr zu einer fruchtbaren neuen Erkenntnis oder reiferem Verstehen hat der Tag heute nicht geführt. Auf in eine neue Nacht voll Lärm und Krach!

Nes Ammim, Montag, 23. Mai 1988

Heute etwas kürzer, weil ich schon wieder furchtbar müde bin, dafür diesmal etwas früher dran, mit Aufschreiben, nämlich noch vor dem Abendessen. Dafür werde ich danach dann umso mehr schlafen.

Also: Losfahrt um 8 Uhr. (Die Nacht war viel zu kurz.) An der *Via Maris* entlang (d. h. an der Küste). Durch einige Vororte von Tel Aviv (und durch es selbst auch noch ein Stück. Also, es hatte weiterhin wenn auch nicht so schöne, so doch wenigstens auch noch intakte Häuser.)

In Tel Aviv hatte das Diaspora-Museum leider geschlossen, und so ging es gleich weiter nach *Caesarea*: *Theater, Stadt und Aquädukt* aus der Zeit des Herodes, später auch von Kreuzfahrern heimgesucht, vorher von Türken geplündert und zerstört ... Wir erfuhren einiges über die israelische Geschichte, eben von Türken und Kreuzfahrern ...

Das Klima war allerdings sehr angenehm, zwar warm, aber windig. Dann ging's weiter auf den *Karmel* (Berg, wo Elia über die Baal-Priester siegte ... 1. Kön. 18). Von dort aus hatte man eine herrliche Aussicht in nahezu alle Richtungen. Miriam erklärte uns die ganzen Hügel und Berge... und die *Ebene Jesreel*, ein sehr fruchtbares Tal zwischen all den Hügeln, genannt die Kornkammer Israels. Miriam erzählte uns, dass es unter den Türken zu einem Sumpf verkommen war, und dass man es sehr langsam wieder trockenlegen und fruchtbar machen musste. Auch von den üblen Folgen der Beduinenwirtschaft berichtete sie. Die Ziegen haben alles kahl gefressen, so dass die gnadenlos abgeholzten Wälder keine Chance hatten, nachzuwachsen. Heute versucht man aufzuforsten. In dieser hügeligen Landschaft Richtung Karmel gefiel es mir schon wesentlich besser.

Von dort aus ging es weiter bis *Megiddo*. Dort hat man ein Tell ausgegraben und ist bis in Schichten von 15.000 v. Chr. vorgestoßen, die Spuren von Bevölkerung enthielten. Dann folgten viele Schichten, und wohl die oberste unter dem ganz Zugeschütteten stammte aus salomonischer Zeit und war eine von Salomos Befestigungen (2. Kön. 9,27). [Ein Tell ist ein künstlicher Hügel, der entsteht, wenn neue Siedlungen jeweils auf den Trümmern bzw.

Schutthaufen der vorigen Siedlungsphase errichtet werden.]

Besonders zu besichtigen war hier die Anlage, die dazu diente, das Wasser aus der Quelle, die aufgrund der vielen Schichtungen tief und weit weg war, in die Festung zu holen, ohne dass bei Belagerungen gleich Wassernot auftreten musste, weil man nicht mehr an die Quelle kam. So bohrte man einen Schacht in die Tiefe und einen Tunnel bis zur Quelle, sicherte diese dann von außen ab, und schon war die Wasserversorgung gesichert.

Nach der Besichtigung Megiddos ging's weiter nach *Beth-Shearim*, wo weitere Ausgrabungen waren. Diese stammten vor allem aus der Zeit, als die Juden aus Jerusalem vertrieben und der Tempel zerstört war. Hier sahen wir uns hauptsächlich Katakomben an. Die erste war zu einem Museum umgebaut. Da sah man einige uralte Glasgefäße aus phönizischer Zeit, Abbildungen von siebenarmigen Leuchtern und einen riesigen Glasblock. Uns wurde erklärt, dass man das Glas in solchen Riesenblöcken herstellte. Dann schlug man kleinere Ecken ab, die dann nach Gewicht weiterverkauft und verarbeitet wurden. Und hier war so ein Block wohl liegengeblieben.

In dem anderen, riesigen Grabkomplex – diese Katakomben waren einfach in den Fels gehauen – fanden sich viele Sarkophage, schwere Steintruhen mit großen Deckeln. Es war sehr interessant. Miriam erklärte uns, dass man nach römischem Brauch die Toten in den Sarg legte, bis nur noch das Skelett übrig war. Das schlichtete man dann in eine andere Kammer, und im Sarg war wieder Platz für einen neuen Toten. Nach jüdischem Gesetz seien Tote allerdings unantastbar, und man müsse sie deshalb drin lassen. Ersteres würde ja ganz gut zu unserer alten „zu-den-Vätern-versammelt"-Geschichte passen, Letzteres widerspräche ihr allerdings völlig! [Die Jenseits-Vorstellungen des Alten Testaments waren seinerzeit ein vieldiskutiertes Thema in unserer Gemeindejugend.]

In dem Höhlenkomplex deuteten einige Nischen jedoch auch auf mehrmalige Nutzung der Särge hin. So denke man nun, was man will. Miriam sagte auch, dass so etwas jeweils auf die Interpretation der Thora des jeweiligen amtierenden Rabbis ankäme.

Was es sonst noch so alles auf den Straßen zu sehen gab? Avocado- und Orangen- und Olivenbäume, Ziegen, Araber, die Felder mit dem Esel-Pflug bestellen, hochmoderne Bewässerungsanlagen auf Baumwollfeldern …

Heute Abend sollte wohl noch ein Gespräch mit Einheimischen stattfinden, das aber ausfällt, weil eine andere Gruppe sich auch heute da angemeldet hat.

Das Hotel hier ist voll-bonzig, mit Swimmingpool, mehreren Gebäuden … Ich weiß auch gar nicht, wie ich hier schlafen soll, ohne das ewige Hupen! Aber ich habe bei der Ankunft schon eine Kfz-Werkstatt gesehen. Vielleicht ist die ja da, um nachts für den nötigen Lärm zu sorgen? Mein Magen knurrt nun schon gewaltig – auf zum Abendessen!

Jetzt ist schon der späte Abend des 25.5., aber ich muss noch jede Menge nachtragen.

An dem Abend des Tages der letzten Seite hörten wir doch noch den Vortrag über *Nes Ammim*, und der war sehr aufschlussreich.

Nes Ammim heißt auf Deutsch „Zeichen den Völkern" und ist, glaube ich, aus dem Anfang von Jeremia. Dort, in der Nähe des jüdischen Dorfes Regba und des arabischen Dorfes Mesra [Mazra'a], ist es ein christliches Dorf (das einzige christliche Dorf in Israel), und die Leute leben da in einer engen christlichen Gemeinschaft. Es gibt long-stayers und Volontäre für ein Jahr, die sehr viel arbeiten müssen. Alle arbeiten in vier Betrieben (Rosen-, Gästehaus, Landwirtschaft; und ?), die wohl gerade für den Unterhalt reichen, und werden von Heimatverbänden unterstützt. Die Frau, die den Vortrag gehalten hat (Elisheva), war sehr beeindruckend. Sie erzählte fundiert von persönlichen Erfahrungen, oder besser durch persönliches Dahinterstehen, Absicht, Ziele ... von Nes Ammim. Dagegen setzten sehr schnell alle enorm schlauen Pfarrer ihre Theologie-Weisheiten. Jeder wusste alles besser. Es war wirklich haarsträubend, aber Elisheva ließ sich nicht rausbringen. Sie wusste, wovon sie redet. Den Rest werde ich mir hoffentlich gut merken, sonst werde ich mit dem Nachtragen nie fertig.

Deshalb nun hoffentlich ein wenig kürzer über den

Dienstag, 24. Mai 1988

• *Haifa:* Eine Hafenstadt, die historisch belegt ist (man machte auch Funde), ihre Bedeutung aber hauptsächlich heute als bedeutendste Hafenstadt hat (günstige Lage: Bucht, Industrie: Öl …). „Erfunden" wurde sie übrigens durch einen reichen Scheich. In Haifa besuchten wir den

• *Bahai-Tempel:* Eine bonzig groß angelegte Parkanlage umgibt ihn. Er liegt weithin sichtbar über der Stadt, und eine ganz gerade Straße führt unter ihm in der Stadt sozusagen von ihm weg auf das Meer zu. Im Tempel musste man ohne Schuhe sein. Es standen nur ein paar Vasen und sonstige teure Sachen umher, und in der Mitte blickte man in einen Extra-Raum, in dem sich das Grab des „Oberhäuptlings" Bab befindet. Die Bahai haben drei solch riesige Anlagen in Haifa, aber die anderen sind für Nichtgläubige gesperrt.

Nach diesem Kulttrip besuchten wir eine jüdische Gemeinde in Haifa. Sie gehört irgendwie zu einem Altenheim, dem

• *Ebenetzer-Heim:* Ein messianischer Jude, der Schlomo hieß und schon ein wenig älter war, erzählte uns auf beeindruckende Weise viel vom jüdischen Volk, seiner Geschichte, seiner eigenen (Schlomo's) Bekehrung, den Schwierigkeiten der messianischen Juden ... Auch hier konnten sich die ganzen schlauen Pfaffen beim besten Willen nicht zurückhalten, herumzusülzen. Der Besuch war jedenfalls sehr interessant und aufschlussreich. Nach dem Ausblick von einem Aussichtspunkt über Haifa und die Bucht fuhren wir weiter nach

• *Akko:* Dort besichtigen wir die alten Kreuzfahrerfestungsgewölbe (mit Geheimgang), die Moschee, den Bazar, den alten Hafen und eine alte Karawanserei. Diese Stadt war wirklich sehr interessant. Sie war wohl größtenteils arabisch, und so also auch geprägt, richtig orientalisch. Und in vielen Schichten bebaut. Die Türken schütteten die Kreuzfahrerfestung nach ihrer Eroberung einfach auf und bauten ihren Palast darauf. Der Bazar war richtig original.

In der Moschee mussten wir unsere Schuhe nicht ausziehen. Man hatte für die Touristen einen Fleck unbeteppicht gelassen. Alles

andere war mit großen Perserteppichen ausge-
schlagen, eine Nische gen Mekka und Medina
gebaut, eine Treppe für den Vorbeter, die Wände mit verschiedenen Marmorornamenten (rot
und weiß) und blauer Farbe verziert.

Die Karawanserei war sehr gut erhalten und
schön. Am Schluss hatten wir noch ein wenig
Zeit, im Hafengelände herumzustreunen, auch
aus der Kreuzritterzeit. So eine Art Stadtmauer
Richtung Meer mit herrlichem Ausblick, ein
paar Angler, die sehr kleine Fische fingen, und
dazu Pistazien vom Bazar.

Nach dem Abendessen in Nes Ammim stand
ein Bummel in Naharija, Miriams Wohnort, auf
dem Programm. Cornelia, die Kanadier und wir
Kinder blieben aber lieber in Nes Ammim, um
uns mit ein paar Volontären darüber zu unter-
halten. Das war sehr aufschlussreich, und wir
erfuhren nicht nur Positives. Zum Beispiel von
der riesigen Schufterei der As und Is [die oben
erwähnten long-stayer und Volontäre] und
ihren Schwierigkeiten, mit der jüdischen Jugend
Kontakte zu knüpfen.

Es ist schade, dass ich das alles nicht mehr ausführen kann. Gedanken, die verloren gehen – aber ich komme sonst mit Aufschreiben überhaupt nicht mehr hinterher. Und heute war ja auch noch viel los, bald ist es 24 Uhr, und morgen bin ich wieder den ganzen Tag müde.

Kinar, Mittwoch, 25. Mai 1988

Der Tag begann nach Frühstück und Kofferpa-
cken mit einer Nes-Ammim-Geländeführung
(Rosenzucht ...). Jedes in Nes Ammim geborene
Kind bekommt einen Baum gepflanzt. Da war
schon ein richtiger Park. Außerdem liegt um
das Gebäude ein von der Regierung geführter
botanischer Garten, in dem sie wasserarme
Pflanzen testen.

Das erste Nes-Ammim-Ehepaar wohnte in
einem alten Rotkreuzbus, der noch da stand,
ohne alles (Licht, Wasser ...). Das muss sehr
abenteuerlich gewesen sein, bis der Nachbar-
Kibbuz, Flüchtlinge aus dem Warschauer Ghet-
to, die zuerst gar nicht von der Nachbarschaft
von Christen begeistert waren, ihre Wasserleitung freundlicherweise umlegten. Der erste
Anfang eines fruchtbaren Kontakts zwischen
Juden und Christen, worauf in Nes Ammim natürlich besonders Wert gelegt wird. Nach dieser
Besichtigung bussten wir ein [= wir stiegen in
den Bus ein] und fuhren gen Nazareth, das aus
zwei ganz eigenen Städten (eigene Verwaltung,
eigene Wasserleitung ...) besteht. Wir interes-
sierten uns jedoch nur für den arabischen Teil,

da sich dort die ganzen Sehenswürdigkeiten befinden. Aber davon berichte ich nun doch besser morgen, denn nun …

… fallen mir die Augen zu, wollte ich schreiben, aber da war es schon zu spät. Tja, heute weiß ich schon nur noch die Hälfte. Außerdem kommt mir der Verdacht, dass ich ein zu kleines Heft genommen habe.

In *Nazareth* – wenn ich nur noch wüsste, wie das war! Und Cornelia ist gar nicht da, um mir zu helfen. Ich versuch's mal so:

Durch die *St.-Gabriels-Kirche* ist der Brunnen ummauert, an dem Maria Wasser geholt hat, als ihr, laut griechisch-orthodoxer Kirche, der Engel das erste Mal erschien. Ich habe auch von dem Wasser getrunken und habe keinen Flotti [Durchfall] bekommen! Interessant war auch gerade die griechisch-orthodoxe Kirche mit ihren Ikonen …

Über der Stelle, an der Maria gewohnt hat (mit ihrer Familie), steht heute die *Verkündigungskirche*, eine riesige, moderne Basilika mit echten Betonverstrebungen und monumentalen

Marienverehrungsbildern aus x verschiedenen Ländern. Außerdem ist sie zweistöckig und gehört zu den Franziskanern. Was mir am besten gefiel, war der uralte arabische Führer, der uns in diesem Gemäuer aufs Korn nahm.

Über der Wohngrotte der Maria, vor der man sich heute beschaulich im Halbkreis niederlassen kann, wurden insgesamt fünf Kirchen gebaut, aus den verschiedensten Zeiten. Von allen sah man noch Überreste.

Weiter ging's zur *Josephs-Kirche*. Die „Kirche des Heiligen Josef" steht über der etwas älteren „Josephs Werkstatt"-Kapelle, welche über der Grotte gebaut war, die wiederum Josephs Werkstatt war. Auch sie gehörte zu den Franziskanern, die dort auch eine Schule betreiben.

Als alle mit der Besichtigung fertig waren, tauchte ein uriger Franziskaner auf, der uns dann noch Ausgrabungen von *Altnazareth* vorführte und uns ein kleines Museum zeigte. Das war schon etwas anschaulicher als die prunkvollen Bauten. Allerdings befindet sich diese Altstadt (besteht nur aus Grotten) direkt unter einer Betonbrücke, die die beiden Franziskanerkirchen miteinander verbindet. Der Mönch, der die Führung machte, war ein Original. Eine Mischung aus Don Camillo und Hans Moser. Ehrlich lustig, und er hielt uns auch gleich eine Predigt. Der hätte einen guten Vertreter abgegeben, hätte wahrscheinlich sogar ein Zumsel verkaufen können. [Ein Zumsel war unter uns Geschwistern ein nicht existierendes Objekt, ähnlich Pippi Langstrumpfs „Spunk".]

In Nazareth waren wir auch am *Bazar*, wo ich mir zwei Knoblauchknollen kaufte, die ich mit Tobi mittags zu verzehren anfing. (Ich habe noch eineinhalb).
Als nächste Station ging's zum *Berg Tabor*. Ich ging zu Fuß hinauf und kürzte die meisten Serpentinen ab, so dass ich recht schnell oben war. Fast schon droben, machte ich einen kleinen Umweg und fand dabei eine alte Klosterruine (o. Ä.) mit Tor und Brücke und Graben und Grotten in dem Graben. Das war mal richtig interessant. Außerdem traf ich viele Geckos, aber die gibt's hier sowieso en masse.

Oben genossen wir den Ausblick. Miriam erzählte uns die Geschichte von Deborah und ihrem Krieg. Man hatte einen herrlichen Blick auf die Ebene, in der Saul und die Philister kämpften. Und als geistliche Krönung bekamen wir die Verklärung Jesu aus Markus 9 gelesen, die man landläufig auf dem Tabor lokalisiert (hin und wieder auch auf dem Hermon). Diesem Ereignis ist auch die große Kirche geweiht, die jedoch auch wieder auf vielen alten Ruinen von Klöstern und Burgen gegründet ist, von denen man auch noch sehr viel sehen kann.

Ganz in der Nähe des Gartens ziehen sich noch weitere besser erhaltene Klostergebäude hin, und endlose Klostergärten. Ich beschloss, mit Hermann den Berg senkrecht hinunterzugehen, und Cornelia und Gernot schlossen sich uns an. Zuerst hatten wir noch einen wunderschönen Weg, den wir aber dann hinter uns ließen. Die beiden Letztgenannten hatten jedoch nur Sandalen an, und Gernot verloren wir sogar, so dass wir uns Richtung Straße halten mussten und diese dann auch erreichten. Auf unserer Tour durchs Gebüsch war es aber sehr schön, und ich habe es so richtig genossen. Wir stießen auch noch auf alte Trümmer und zwei Grotten, die vorne ein wenig übermauert waren. Sie machten mir Jesu Geburtshalle und Wohnort auf jeden Fall anschaulicher als die prunkvoll ausgestatteten, verehrten und heiligen Grotten an allen Pilgerorten. Dieser Abgang war einfach herrlich (obwohl hinterher die Autofahrer alle motzten, dass sie hätten warten müssen).

Als wir mal den Jordan trafen (auf der Weiterfahrt), machten wir an einer neu gebauten Jordantaufstelle Halt. Hier konnte man kleine Fläschchen mit Aufschrift kaufen, um sie mit Jordanwasser zu füllen und armen daheimgebliebenen Verwandten als Kraftspender mitzubringen. (Die Stelle lag nach dem Austritt des Jordan aus dem See Genezareth.) Aber auch auf andere Weise konnte man sein Geld loswerden. (Ich kaufte mir eine kupferne Haarspange und einen Dattelhonigsesammarmeladenbrotaufstrich, der ganz klasse schmeckte.) Dann fuhren wir in Richtung *See Genezareth* (Kinnereth). Übrigens werden hier Strauße gezüchtet.

Unser Hotel, das eher aus lauter kleinen Häuschen mit einem Hauptgebäude besteht, liegt direkt am See. Es heißt Kinar. Nebenan erheben sich die Golanhöhen, und sie sind vorvorgestern größtenteils abgebrannt und daher ganz schwarz. Aber man sagte uns, das passiere jedes Jahr.

Übrigens stellte sich am nächsten Tag heraus, dass doch eher ein kleiner Teil abgebrannt ist – im Gegensatz zu der ganzen Hochebene. Aber das war ja am

Donnerstag, dem 26. Mai 1988

Zuerst fuhren wir ewig lang durch die *Golanhöhen*. Würde man nicht permanent an den Krieg erinnert, so wäre das ein wunderschöner Landstrich, vielleicht der allerschönste in ganz Israel.

Hier ein paar Impressionen: ewig weites Land, mit hohem gelben Gras bewachsen (zumindest um diese Jahreszeit, im Winter muss es ein Blütenparadies sein); hin und wieder ein Baum, ein Strauch oder ein Wäldchen. Eine Kuh oder eine Herde mit Hirt, ein malerischer kleiner See, eine Gazelle, eine Handvoll Störche, ein Adler, eine Schar von Geiern, die am Himmel kreisen, Steine und Steinmauern, die ich so liebe. Steinige Überreste alter Siedlungen, steinig eingemauert. Hie und da ein Bach. Man sieht ihn selbst zwar nicht, aber ein grünes buschreiches und blühendes Band zieht sich durch das gelbe Gras. Zwischen zwei solcher Schluchten eine Art Matterhorn in der Form eines Kamelhöckers, daher genannt *„Gamla"*.

Hier war eine Festung fanatischer Juden. Drei römische Legionen mussten die 500 Bewohner sieben Monate belagern. Bis sie alle Selbstmord begingen (die Juden). Leider konnten wir die Ausgrabungsstätte nicht besuchen, sondern nur von der Ferne auf Gamla sehen, da wir ein Stück hätten zu Fuß gehen müssen. Wirklich schade!

Hier in der Gegend standen auch jede Menge Dolmen. Dolmen finde ich das Faszinierendste überhaupt, aber darüber muss ich mich unter diesen beschränkten Umständen wohl nicht äußern, da sich das so schnell nicht ändern wird. [Diesen geheimnisvollen Megalithgräbern aus grauer Vorzeit war ich zum ersten Mal zwei Jahre zuvor auf einer Irlandreise begegnet.] Jetzt ist die Tinte alle.

Aber zurück zu meinen Impressionen: Soldaten an der Gedenkstätte von Gamla. Panzer, Soldaten, Panzerschlepper vor uns. Eine zerbombte Stadt, Betonhäuser, Wände tausendfach zerlöchert; halb eingefallen eine zerbombte Moschee. Herrlich weite gelbe Flächen mit Seen, Büschen und Dolmen: doppelt eingezäunt. „Achtung, Minenfelder", Strategische Großanlagen auf allen der herrlichen Vulkane, die dem Boden eigentlich große Fruchtbarkeit verleihen müssten. Schade. Mir kommen dazu noch viele, tiefere Gedanken, und ich weiß nicht, ob ich sie hier verewigen soll, aber Zeit und Platz sind zu knapp bemessen.

Also: weiter auf unserer heutigen Route: *Burg Nimrod*. Ein herrliches Gemäuer! Einfach wundervoll. Riesengroß. Leider bekamen wir nur zwanzig Minuten Besichtigungszeit.

An Steingröße und Baustil waren wieder mehrere Bauepochen zu erkennen. Riesengroße Quader, Ecksteine und um die Ecke behauene Felsen, Gewölbe, Keller, Türme, Trümmer, Scherben … Das war so ganz das Richtige für meine Fantasie! Leider kamen wir in den zwanzig Minuten nicht einmal zur Hälfte durch die Burg durch. Wir sahen eine Zisterne, deren Wasser klar und kühl aussah, und einen Klippdachs (sieht aus wie ein riesiges fettes Meerschwein oder ein Murmeltier). Und natürlich viele Geckos. Ich glaube, in dieser Festung hätte ich eine Woche herumklettern können.

Viel zu schnell ging es weiter, zur *Banias-Jordan-Quelle*, benannt nach dem kleinen Pan-(Hirtengott-)Tempel, von dem man Überreste und Gabennischen bewundern kann, und zur Dan-„Quelle", einem verzwickten Gewirr von vielen kleinen Bächen, die zu dem immer größer werdenden Fluss zusammenfließen. Man geht dort einen Rundgang durch den reinsten Dschungel. Richtig romantisch. Über Steine durch Bäche, über Lianen und umgekippte Baumstämme, oder darunter hindurch, alles üppig grün, bloß mit ein wenig vielen Touristen.

Weiter ging die Tour nach *Hazor*. Mittagessen und das Museum des Tells besichtigen. (Das Tell selbst aus Zeitgründen nicht.)

Aber die Funde waren schon wirklich interessant. Vasen und Kübel und Mörser. Am meisten beeindruckt hat mich ein Stein (Kalkstein?) mit zwei Händen, die nach oben zeigen. Wo habe ich diesen Stein nur schon einmal gesehen? Hazor ist ein Tell wie Megiddo, mit sehr, sehr alten Kulturfunden. War später Wagenstadt Salomos.

Nach Hazor statteten wir der alten Stadt *S'fad* [Safed] einen Besuch ab. In einer Synagoge erfuhren wir sehr viel Interessantes über Judentum und Bräuche. S'fad muss ein sehr religiöses Kaff gewesen sein, und eine „Sekte", die Kabbala, hatte hier wohl besondere Blüte. Vielleicht schreibe ich davon ein anderes Mal mehr. Sonst ist S'fad aber eher ein Kaff mit vielen scheußlichen Touristik-Art-Shops. Ich habe mir zwar sagen lassen, es habe einen tollen Aussichtswert, aber heute war es diesig und schwül, so dass man sich eher vorkam wie Mose in der Wolke.

Allerdings gibt es in dieser Stadt sehr viele Synagogen. In der einen Straße, in der wir uns aufhielten, gab es allein vier.

Übrigens (vorher): Wir sahen auch den *Hermon*, auf dessen Gipfel noch Schnee lag. Die Banias-Quelle liegt auch an seinem Fuße.

Nach S'fad fuhr Bassam mit uns noch eine schöne Landstraßenstrecke, an Dolmen und einem Ruinendorf namens Korazim vorbei, das wir jedoch nicht besichtigen durften. Hier am See gab's nach dem Abendessen (dies hat in diesem Land übrigens immer drei bis vier Gänge, zumindest für Touristen) zum Glück kein Programm, so dass ich jetzt um 23:00 Uhr endlich mit allen Schriften aufgeholt ins Bett gehen kann.

Mittlerweile bin ich schon wieder drei Tage in Verzug, deshalb nun wirklich nur ganz kurz, obwohl es durchaus sehr viel zu berichten gäbe:

<u>Über Freitag, den 27. Mai 1988</u>

Busfahrt in Richtung See Genezareth (das heißt, am See entlang in Richtung Kapernaum). Wir besuchten verschiedene Kirchen. Die Katholiken neigen etwas dazu, hier alles mit (auch neuen) Kirchen zuzustellen. Also: *Seligpreisungen-Bergpredigt-Kirche*, recht neu, nicht überwältigend schön, aber auch nicht überwältigend hässlich.

Mensa Christi (der Ort, an dem Jesus nach seiner Auferstehung ein paar Jüngern, die fischten, ein Essen gekocht hat; Joh. 21), eine ganz nette Kirche, glaube ich, man vergisst so schnell.

Die *Brotvermehrungskirche* war sehr schön (1982 fertiggestellt). Sie ist auf einem alten, wunderbaren Mosaikfußboden gebaut (von einer früheren Kirche).

Danach ging's weiter nach *Kapernaum*, wo es eine sehr alte Synagoge zu besichtigen gab, und ein paar Trümmer der alten Stadt. Vor allem interessant waren die Mühlen und die Olivenpressen.

Die Kapernaumer müssen das reinste Müllerdorf gewesen sein, nach den Mengen von Mühlen, die da herumstehen. Man sagte uns, dass man sonst hier auch immer noch das Haus von Petrus' Schwiegermutter besichtigen konnte. Allerdings wird darüber gerade eine Kirche gebaut, und so ging es nun nicht mehr. In Kapernaum stiegen wir in ein Schiff und fuhren nach *Tiberias*. Auf dem See ist es ganz schön zugig, um nicht zu sagen, es fegt einen fast um. Ich kann gut verstehen, dass man da schon in ungeahnte Stürme geraten kann. Nach dem Essen in Tiberias besuchten wir ausgiebig eine Diamantenschleiferei, wobei einige es sich mal wieder nicht verkneifen konnten.

Es blieb nur noch kurze Zeit für einen schnellen Besuch einer alten Synagoge bei Tiberias, deren Ruinen durch ein wunderschönes Mosaik geziert waren. Interessanterweise befand sich dort neben der Abbildung jüdischer Kultgegenstände und der Jahreszeiten auch ein großes komplettes Tierkreiszeichen mit Helios im Zentrum. (Mosaik!) In der Nähe der Synagoge fanden sich auch Überreste römischer Badeanstalten und noch fließende, nach Schwefel riechende heiße Quellen.

Nachdem wir wieder in *Kinar* angelangt waren, stattete ich dem Seewasser den obligatorischen Besuch ab, eine warme dreckige Suppe, die gerade an diesem Tag recht ansehnliche, mörderische Wellen schlug. Dann besuchen wir einen jüdischen Gottesdienst (Freitagabend geht ja der Shabbat los) und bekamen danach ein shabbatmäßiges Abendessen serviert. Über Shabbat / Judentum vielleicht an anderer Stelle mehr. Nach dem fürstlichen Mahl promenierten wir noch am See und trafen unorthodoxe, junge Juden, die uns gleich zu gebratenen Kartoffeln und Zwiebeln einluden (ums Lagerfeuer). Es war ganz lustig mit ihnen. Dafür war ich dann zu müde, um noch etwas aufzuschreiben.

Über den Shabbat, 28. Mai 1988

Wie das Essen auf den Tisch kommt und die Hotelgäste in einem relativ orthodoxen Hotel am Shabbat bedient werden, ist mir nicht ganz klar. Wie dem auch sei, nach dem Frühstück machten wir uns auf die Suche nach dem Bus, der etwas außerhalb geparkt hatte, um beim Anfahren die Shabbatruhe nicht zu stören, bussten ein und fuhren nach *Beth-Shean,* wo es ein Theater und neue Ausgrabungen zu sehen gab. Leider habe ich von alledem nicht so sehr viel mitbekommen, da ich meinen Blick meist auf den Boden gerichtet hatte, wo ich allerlei Schätze fand (Mosaiksteine, Ton- und Glasscherben ...). Danach besuchten wir *Beth-Alpha*, den erhaltenen Mosaikboden einer Synagoge aus dem ca. 5. Jahrhundert, wieder mit Tierkreiszeichen (siehe Postkarte).

Weiter ging's nach Jericho. Übrigens war es an diesem Tag furchtbar heiß, und die Sonne brannte auch sehr hell.

Jericho:

1. *Ruinen* eines riesigen Palastes aus der Tür-
kenzeit, mit Badeanlagen und gut erhaltenem
Mosaik. Allerdings wurde die Palastanlage
schon kurz (drei Jahre) nach der Fertigstellung
von einem Erdbeben zerstört.

2. *Tell:* Von dort aus hatte man einen herrlichen
Blick auf die heutige Stadt. Außerdem bekamen wir einen Abriss über die neuere Geschichte Israels in diesen Gebieten. Wir durften Ausgrabungen bewundern, die der Beweis dafür
sein sollten, dass Jericho die älteste Stadt der
Welt ist, da befestigte Mauern und ein Turm
aus einer Zeit gefunden wurden, in der es sonst
noch keine Siedlungen gab. Allerdings sagte
die Forscherin, die Mauern aus Josuas Zeit (Jos.
2+6) habe sie nicht gefunden. (Wie soll man
sie auch finden, da sie ja umgeblasen worden
sind?)

Die Reste von Jericho aus römischer Zeit befinden sich übrigens ganz auf der anderen Seite
der heutigen, sehr großen Oase.

Nach dem Essen fuhren wir ein wenig ins
Gebirge hinein. (Impressionen: Ziegenherden,

kleine Esel mit großen Reitern + Last). Bedu-
inen, Zeltlager, Kamele (wenige), steinig! ...
Und gingen dann zum *Georgskloster* zu Fuß
(griech.-orthodox), wo man angeblich die
Grotte sehen und verehren konnte, in der sich
einst Elia versteckt hielt. Allerdings gibt es in
dieser Gegend unzählige Grotten und Höhlen,
in denen in religiösen Zeiten ebenso unzählige
Eremiten in rauen Massen gelebt haben, so
dass ich mir da nicht so sicher wäre. Jene Elia-
Grotte befand sich jedenfalls (ganz mit Ikonen
vollgehängt) in einem abenteuerlich an die
Wand geklebten Kloster, das zu erkunden mir
nicht wenig Freude machen würde. Aber meine
Neugierde auf diesem Gebiet wird ja meistens
nicht befriedigt.

Den Weg nach Jerusalem verschlief ich (hatte
es wohl nötig). Etwas oberhalb davon, über
dem Ölberg, auf einem Aussichtspunkt, zogen
wir uns bei sengender Sonne noch einen groben
Überblick über *Jerusalem* und seine Kirchen,
Touristenanziehungspunkte ... rein, um dann
weiter ins *YMCA-Hotel* zu fahren.

Nach dem Abendessen machten wir uns dann
noch auf den Weg in die Stadt und landeten

in dem orthodoxesten Judenviertel überhaupt (*Mea Shearim*). Leider waren wir alle nicht richtig angezogen. Die Jungs hatten keine Kopfbedeckung, ich hatte eine Hose an, und Cornelia und Aurelia hatten zwar Röcke, aber zu kurze Ärmel. Aus den Synagogen dröhnte ein reißendes Brausen vieler lobsingender Stimmen.
In den Gassen spielten adrett angezogene Mädchen in allen Größen mit Zöpfen Ball und Fangen. Die Väter, mit Pelzmützen oder Zylindern und schwarzen Mänteln, mehr noch aber mit türkisfarbenen Kaftanen und Kniebundhosen, mit ihren langen Haaren und ihrem würdigen Schritt, gingen, mit ihren Söhnen disputierend, die auch schon sehr interessant aussahen, ebenfalls in allen Größen, durch die dunklen Straßen. Ich fühlte mich versetzt in eine andere Zeit, in eine andere Welt. Es war beeindruckend und unbeschreiblich. Umso größer war der Gegensatz zu der topmodernen *Fußgängerzone*, in die wir dann gelangten, wo wir noch ein Eis verdrückten. Zwei Welten! Wie kann das nur sein?

Über heute schreib' ich morgen. Ich bin schon zu müde.

So, mittlerweile sitze ich schon im Flugzeug auf dem Weg nach Hause. Nun habe ich eine ganze Woche zu rekonstruieren:

Über den 29. Mai 1988

Eigentlich wollten Cornelia, Tobias und ich um 10:30 Uhr in den deutschen Gottesdienst gehen. Wir machten uns schon sehr früh auf den Weg, schlenderten durch den *Bazar*, erstanden ein Tuch, einen Silberlöffel ... Dies war übrigens der einzige Tag, an dem der Bazar offen hatte. Die Moslems streiken ja, oder müssen streiken, wobei sie sich aber eher ins eigene Fleisch schneiden und die jüdische Wirtschaft eher unterstützen als sie schädigen. Als wir in der *Erlöserkirche* ankamen, begannen unsere Leute gerade ein Gespräch mit dem arabischen Pastor. Sie hatten vorher den arabischen Gottesdienst besucht. Und so gingen wir nicht in den deutschen Gottesdienst, sondern hörten dort zu. Ich muss sagen, einige Dinge befremdeten mich schon sehr. Zum Beispiel die Beibehaltung des Gottesnamens Allah in der arabisch-lutherischen Kirche. Und ich persönlich, als

Außenstehende, verstehe auch nicht, dass der Krieg zwischen Juden und Arabern unter Judenchristen und arabischen Christen so weitergehen muss. Aber es scheint keine Chance für ein Miteinander zu geben.

Nach diesem Gespräch trafen wir Professor S., der uns von Erlöserkirche, Stadtmauern und Ausgrabungen berichtete. Er wollte uns auch Ausgrabungen unter der Kirche zeigen, aber aufgrund einer toten Katze war das nicht möglich. So gingen wir mit ihm zu der *Zitadelle* und ließen uns von dort aus Jerusalem, herodianische Bauten ... erklären. Wir versuchten von dort aus essen zu gehen (whole family), aber die Eltern fanden das gesuchte Lokal nicht, so dass wir in irgendeiner anderen Pinte im neuen jüdischen Viertel aßen. Dann ging's zurück zum YMCA-Hotel, wo wir um 17 Uhr zum Umzug sein sollten.

Habe ich berichtet, dass zwei Damen mit Gericht gedroht haben, wegen der Unmöglichkeit des Hotels? Meinen Eltern war es natürlich auch nicht fein genug. Allerdings muss ich sagen, dass es auf der ganzen Reise das einzige Hotel war, in dem die Handtücher nicht muffig stanken, und die Betten waren wirklich bequem. Nun ja, nach dem Hotelwechsel und dem Abendessen begab ich mich einmal früher ins Bett. Cornelia ging derweil noch mit Aurelia spazieren.

Über den 30. Mai 1988

Der Tag begann nach dem Frühstück unter der grinsenden Aufsicht der Hotelboys (Grinsen scheint deren Hobby zu sein) mit einem furchtbar touristischen Besuch an der *Klagemauer*. Dort waren bestimmt vier Fünftel der Besucher Touristen und Nichtjuden. Doch die Juden ließen sich dadurch nicht in ihrer Religiosität stören.

Dann kam der Pflichtbesuch der beiden *Moscheen* auf dem Tempelberg dran: *Al-Aqsa* für die Männer, und *Felsendom* für die Frauen. Beide aus dem siebten Jahrhundert und bemerkenswert gut erhalten. Im Felsendom kann man den Felsen verehren, auf dem einst Abraham hätte Ismael opfern sollen, und von dem später Mohammed mit Pegasus gen Himmel abhob. [So, wie ich den Satz damals formuliert habe, vermute ich, dass an dieser Stelle wirklich von Ismael die Rede war.] Danach ging's weiter zur *St.-Anna-Kirche*, die man nicht wegen ihrer Schönheit, sondern wegen ihrer Akustik besucht. Ich allerdings fand sie sehr schön, dafür aber überakustisch bis dorthinaus.

Die Annakirche steht an dem Teich, wo Jesus den Lahmen heilte (Bethsaida?). Oder zumindest an dessen Überresten, wiederum mit vielen Kreuzfahrerruinen verziert.

Danach ging's durch die *Via Dolorosa*, den Leidensweg Jesu, der mich nicht besonders begeisterte, zu der *Grabeskirche*. Vorher gingen wir noch durch ein griechisch-orthodoxes *Äthiopierkloster*, wo es mir ganz gut gefiel. Die waren alle pechschwarz. Die Grabeskirche fand ich eine Enttäuschung. Überhaupt, das Kleben an Orten ist hier schrecklich.

Hier verehrt man eigentlich den Ort, von dem man glaubt, dass Jesus auferstanden ist, der Friede zwischen Gott und Mensch besiegelt ist. Und hier zünden sich die verschiedenen Kirchen gegenseitig die Altäre und Ecken an. Na ja, denke wer will, was er will, aber das ist hart. Außerdem sieht man in der Grabeskirche noch ein paar Überreste von Golgatha. Einen anderen Golgatha[-Felsen] sieht man vom *Gartengrab* aus, das wir nach der Grabeskirche besuchten. Es war ganz nett angelegt, und dort wuchs Rosmarin. Allerdings sah mir der vermeintliche

Golgatha eher nach einem Versehen bei einer Sprengung zum Straßenbau für den Busbahnhof aus, der sich unmittelbar darunter befand.

Als Nächstes kam, ohne Programm, das *Kloster der Zionsschwestern* mit unterirdischen Ausgrabungen aus der Römerzeit und einer Buchhandlung dran. Das war ganz interessant. Interessant war auch der Vortrag von Pfarrer K. nach dem Essen über den Prozess Jesu und die Schuldfrage. Wer hatte schuld? Die Juden? Judas? Pontius Pilatus? Wir? Gott? Es war wirklich aufschlussreich, hoffentlich kann ich es mir noch merken.

Über den 31. Mai 1988

- Besichtigung der *Chagall-Fenster* in der Synagoge des *Hadassah*-Krankenhauses, wo wir mit dem Bus hinfuhren.

- Besichtigung der Gedenkstätte des Holocaust und des dritten Reiches: *Yad Vashem.* Allerdings klappte mir dort der Kreislauf zusammen, und ich zog es vor, mich etwas in die Horizontale zu begeben, statt mir alles anzusehen.

- *Holy-Land-Modell* von Jerusalem zu Jesu Zeit. Dort packte mich der Touristenfrust. Ich konnte Miriams langen und langatmigen Erklärungen einfach nicht mehr zuhören, setzte mich mit Cornelia auf einen Stein und genoss.

- Nach dem üblichen Fast-Food-Fraß, den ich boykottierte, ging's weiter zur *Knesset* von außen und zur Besichtigung des *siebenarmigen Leuchters* dort, auf dem alttestamentarische (und) jüdische Schlüsselszenen abgebildet sind.

- Dann kam der *Schrein des Buches* dran. In einem modernen Gebäude, das von außen den Kampf der Finsternis gegen das Licht darstellt und sozusagen Kunst ist, sind die Schriftrollen untergebracht, die man in Qumran gefunden hat. Ich fand das eigentlich recht interessant, bedauerte allerdings zutiefst, dass ich nicht von rechts nach links lesen kann. Auch andere Funde aus den Höhlen von Qumran waren ausgestellt: ein gedrehter (?) Holzteller, und ein paar modern und neu aussehende Einkaufstaschen, außerdem ein authentischer Jesuslatschen ...

Tobias und ich machten uns danach auf den Weg in die archäologische Abteilung des *Israel-Museums*. Die modernen, viel gerühmten Skulpturen im Park desselben ließen uns Kunstbanausen ziemlich kalt, und wir bewunderten lieber alte Knochen und Werkzeuge. Diese uralten Leute waren wirklich nicht dumm und schon gar nicht geschmacklos. Dagegen kann das Zeug der viel späteren Römer nur plump und klobig wirken. Die Römer waren ja, abgesehen davon, dass sie spinnen, auch ziemlich rückschrittlich.

Am Abend dieses Tages wollten wir Geschwister eine große Kartenschreibaktion starten. Als ich in unser Zimmer kam, fand ich eine richtige Jugendlichen-Session vor, und es war noch recht lustig. Markus (der übrigens ein feiner Kerl ist) sang, Aurelia las, Gernot schrieb, wie ich dann auch, Cornelia schrieb auch, und zwischendurch unterhielten wir uns alle. Es wurde jedoch ziemlich (oder unziemlich) spät.

Von vorhin habe ich noch vergessen:

Von dem alten Kram faszinierten mich besonders die Scarabäen und die Rollsiegel. So was täte ich ja wirklich gerne mal finden!

Übrigens haben wir uns schon überlegt, ob wir nicht in den nächsten Semesterferien mit Professor S. graben gehen. Pfarrer K. hat uns auch eine Adresse von seinem Schwager gegeben, der einmal bei einer Ausgrabung dabei war. Ich glaube, das würde mir riesig Spaß machen, obwohl ich auch schon hörte, dass so was ziemlich katastrophal sein soll.

Meine Schrift ist in dieser Rostlaube auch katastrophal!

Über den 1. Juni 1988

Während der vorige Tag nicht so spannend war, ging's an diesem auf Großfahrt. *Herodion* ist eine Festung von Herodes in einem aufgeschütteten künstlichen Vulkan. Er baute auch Zisternen, die und deren Tunnel man durchwandern konnte. Allerdings war er nicht oft dort, wie bei all seinen Festungen, und so vergammelte sein Luxus mit der Zeit. Allerdings nisteten sich die Zeloten dort ein, gruben auch ein paar Tunnel, bauten in die Festung eine Synagoge und rituelle Badewannen. Sie sind hier wohl zweimal besiegt worden. Von oben herab hatte man noch einen herrlichen Blick auf eine herodianische Tempelanlage (ziemlich kaputt), auf Beduinenfelder ... (Sie werden wohl allmählich langsam sesshaft.)

Dann fuhren wir nach *Bethlehem*. Über einem *Grottenkomplex* haben Katholiken und Griechisch-Orthodoxe je eine Kirche gebaut, und in speziell einer Grotte verehrt jede eine andere Ecke, in der die Krippe gestanden hat. Mir fällt es allerdings schwer, zu glauben, dass Jesus in einer mit Marmor ausgekleideten Grotte unter zwei Kirchen geboren sein soll. Bemerkenswert ist allerdings, dass Miriam erzählte, dass es hier im Winter ziemlich kalt sei, unter 0 °C, und auch schneie. Außerdem interpretierte sie die Einquartierung der Familie im Stall im Winter eher als eine Wohltat als eine Schande, da sie meinte, dies sei der einzige warme Platz um diese Zeit.

Nach diesem Kirchentrip wurden wir in eine *Schnitzerei* gesteckt, in der es sündhaft teure Souvenirs zu kaufen gab. Danach der übliche Fast-Food, den ich mir wieder sparte. Übrigens hatte Tobi an diesem Tag seinen ersten Herum-hängetag. Wir Jugendlichen saßen hinter dem Restaurant auf so einer Schwelle und kauften einem Araberjungen ein paar Schokoladenrie-gel ab, für meinen Geschmack reichlich billig. Die Araber, die ja streiken müssen, wenn sie nicht ihren Laden in Brand sehen wollen, schei-nen so ohne Einkommen ziemlich arm dran zu sein. Gernot ist auch arm dran, weil er immer von seiner Schwester herumkommandiert wird. Jedenfalls diskutierten wir mit den Arabern auch über Kamele. Für Cornelia wollten sie 200 geben, für mich steigerten sie sogar auf 500. Ich weiß nur nicht, ob in diesem Land irgendje-mand so viele Kamele hat.

Danach fuhren wir weiter nach *Jerusalem*, gingen *gen Zion* und von dort hinunter in das *neue Judenviertel.* Dort wurden neue, jedoch schöne Häuser aus Jerusalemsteinen über die Trümmer der alten gebaut, teilweise auch so, dass man Ausgrabungen noch sehen kann, zum Beispiel ein Stück der *Stadt (Villenviertel)* aus herodianischer Zeit *unter einer Thoraschule.*

Weiter ging's durch den *Cardo*, den ich allerdings schon zur Genüge kannte. (Tobi hatte sich aufgrund der Umkehrung seines Inneren schon auf dem Weg ins Hotel gemacht.) [Er hatte sich übergeben.] Ich war eigentlich schon ziemlich müde und kaputt, als wir die vielen verschiedenen Perioden der Ausgrabungen der *Davidstadt* ansahen. Ansonsten war es ziemlich interessant, oder wäre es jedenfalls gewesen. Wir gingen auch durch den *Warren's Shaft,* den alten Weg von Jerusalem zur Quelle durch den Fels, und besichtigten den *Hiskia-Tunnel* (nur von außen allerdings) und den *Siloah-Teich.* (Der war ziemlich dreckig.) Eigentlich wäre an diesem Tag noch der Garten Gethsemaneh dran gewesen, aber wir waren alle einfach zu kaputt, und ich glaube, er hatte auch schon geschlossen.

Am Abend dieses Tages gingen wir noch in eine judenchristliche Gemeinde in Jerusalem (*Caspari-Center*) und unterhielten uns mit deren Pastor. Das machte dort einen durchwegs positiven Eindruck.

Langsam, langsam geht das Flugzeug nun runter, und mein Kreislauf auch. Oder was auch immer verursacht mir eine drastische Müdigkeit, so dass ich über den Rest der Reise lieber noch wann anders berichte.

Nachtrag zum Hiskia-Tunnel: Man fand eine Steintafel, auf der beschrieben war, wie die Tunnelgräber aus beiden Richtungen einander hörten, Stimmen und Meißelschlag, und welche Freude herrschte, als sie sich schließlich trafen. Wir waren leider nicht im Tunnel (zu spät und unbeleuchtet). Aber ich hörte, dass der Treffpunkt an einer Differenz von maximal 20 cm zu erkennen sei.

Mittlerweile bin ich schon lange zu Hause (5. Juni).

Über den 2. Juni 1988

Es stand eine ziemlich lange Tour in Richtung Süden auf dem Programm. Den ersten Halt machten wir erst in *Massada*, einer Festung auf einem ziemlich hohen Berg, die Herodes erbauen ließ. Es ist die Ruine einer phänomenalen Anlage. Riesengroß, mit Badehäusern, Wohnvillen, Mauern ganz herum, Wachttürmen, acht großen Zisternen, die sich im Winter auffüllten. Allerdings wurde der Bau schon drei Jahre nach seiner Fertigstellung von einem Erdbeben ziemlich ramponiert. Naja. Herodes war sowieso höchstens zweimal da. Allmählich zweifle ich nicht mehr daran, dass er eine Meise hatte, größen- oder verfolgungswahnsinnig oder sonstwie bekloppt gewesen sein muss. Aber es ist irgendwie bemerkenswert, dass immer gerade seine verfallenden Bauten später von Zeloten gut gebraucht werden konnten. So wurden in Massada sechs Jahre lang ca. 900 Leute von den Römern belagert. Sie lebten dort mitten in der Wüste gut von dem Wasser aus den Zisternen und den Vorräten an Lebensmitteln und auch Luxusgegenständen, die in Herodes' Vorratskammern zurückgeblieben waren, und machten sich über die fünf Legionen dürstender Römer am Fuße des Berges lustig, indem sie demonstrativ frisch gewaschene Wäsche über die Mauern hängten. Das Ganze so lange, bis ein Römer auf die Idee kam, eine Rampe aufzuschütten. Als die Römer dann ganz nahe an der Mauer waren, zündeten die Zeloten die ganze Anlage an, brachten sich um und versauten den Römern so den Sieg.

In Massada oben war es ziemlich warm, richtig Wüste. So fuhren wir mit der Seilbahn hinauf und hinunter und schickten uns danach an, im *Toten Meer* zu baden. D. h. erst essen, dann von oben bis unten mit schwarzem Schlamm einschmieren, und dann ins Meer steigen, in eine warme, trübe Brühe, zumindest dort, wo durch die Touristen der Sand aufgewirbelt ist. Außerdem kann man da drin gar nicht richtig schwimmen, man geht nämlich nicht genug unter. Man kann entweder in dem Wasser stehen oder auf dem Wasser liegen.

Nach dem Toten-Meer-Besuch stand noch *Qumran* auf dem Programm. Aber es war dann schon sehr heiß, so dass ich mich auf die Ruinen gar nicht mehr so recht konzentrieren konnte. Sie waren auch nicht so interessant, wie ich es mir vorgestellt hatte.

Die Steinwüste um das tote Meer mit ihren bizarren Formen, Felsen, Klüften, Wadis, Höhlen, Grotten, der rötlichen Färbung ... gefiel mir sehr gut. Übrigens ist das Tote Meer der tiefste Punkt der Erde (– 400m) > höchster Sauerstoffgehalt der Erde und weniger intensive Sonnenbrandeinstrahlung. Dennoch musste ich Mama und Tobi abends einschmieren.

Am Abend, nach dem Essen, stand noch ein Gespräch mit einer judenchristlichen Gemeinde auf dem Programm. Nein, das ist gar nicht wahr, das war ja schon am Tag zuvor. An diesem Tag ging ich noch mit Markus, Cornelia und den Meiers aus. D. h. Cornelia und ich waren mehr oder weniger auf Abenteuersuche. Gernot schloss sich in seiner Meinung wie immer Aurelia an, und Aurelia wollte noch auf dem Sommerfestgemeindeabend der *Erlöserkirche* Kontakte knüpfen. So gingen wir zuerst dorthin, wo es nur Deutsche und zuerst mal was zu Essen gab. Aber da wir ja schon gegessen hatten, zogen wir nach langen Debatten zum *Youth-Hostel* los, um wenigstens von irgendwo die Stadt von oben zu sehen. Der Ölberg war uns zu weit und zu gefährlich. Der Hostel-Betreiber riet uns dann, vom New-Gate aus auf die Mauer zu gelangen. (Normalerweise kann man da nur tagsüber gegen Eintritt hinauf.) Das klappte dann auch prompt. Wir zwängten uns durch den Drehausgang ...

Von einigen Stellen war die Aussicht ganz schön. Allerdings gingen wir nicht allzu weit, in der Erwartung, dass ein israelischer Soldat, der uns möglicherweise erblicken könnte, uns wahrscheinlich sofort eine Bleispritze verabreicht hätte. (Gernot hatte auch noch eine PLO-Flagge bei sich, die er einem kleinen Jungen abgekauft hatte.) Danach gingen wir noch kurz zur Erlöserkirche, trafen Ulrich, einen „Kontakt" der Meiers, und gingen nach einem Glas Saft heim ins Bett (ca. 0:30 Uhr). Gerade noch, bevor der Hotelportier, der schon abgeschlossen hatte, ganz verschwunden war.

Das Youth-Hostel ist übrigens klasse. Ich werde es mir unbedingt merken. Fünf NIS [Neue israelische Schekel] pro Nacht, vier auf dem Dach, und sehr romantisch, schöne Lage, netter Betrieb!

Über Freitag, den 3. Juni, letzter Tag

Schon um 7 Uhr machten Tobi und ich uns auf den Weg zum *Viehmarkt*, der angeblich aufgrund der Streiks ausfallen hätte sollen, und bewunderten dort einige Schafe, Esel und Ziegen.

An diesem Tag spürte ich auch schon morgens einen Vulkan in meinem Inneren. Wir suchten das Rockefeller-Museum auf, das jedoch erst um 10 Uhr öffnen würde. Wir machten uns durch den geschlossenen Bazar auf zu dem uns schon bekannten Laden, der prompt offen war, kauften Milch und Schokolade und frühstückten dann erst einmal, während wir die Juden, die einkauften, und kleine Kinder und das Treiben so allgemein beobachteten. Dann ging Tobi in die Ausgrabungen unter der Thoraschule, die ich ja schon kannte, während ich mich ein wenig in die Sonne setzte. Dann stiegen wir am *Zion-Tor* in die *Stadtmauer* ein. Mir war ganz furchtbar übel. Der Gang über der Mauer war ganz nett, allerdings nicht überwältigend. In der *Zitadelle* besuchte ich einmal ein stilles

Örtchen. Das muss ich diesem Land übrigens zugute halten: die Toiletten sind durchweg sauber! Von der Zitadelle ab war der Weg über die Mauer zum *Damaskus-Tor* interessanter. Wir sahen ein Gefängnis, so richtig mit Gitterzellen ... Und man hatte einen herrlichen Blick über die „Dächer" des arabischen Viertels.

Die Stadt scheint jedoch erst hier oben so richtig zu beginnen: Gärten, Bäume, Laternen, Wäscheleinen, spielende Kinder, Sofas, auch Betten, alles gibt es hier über dem obersten Stock. Am Damaskus-Tor versuchten wir noch einmal, einzukaufen, aber der Bazar hatte heute Generalstreik. So gingen wir dann zum *Rockefeller*, besichtigten diesen, und dann zurück zum Hotel, wo ich mich ins Bett legte. Am Spätnachmittag war noch ein Gespräch mit konservativen Juden vorgesehen. Dazu konnte ich mich jedoch nicht aufraffen, auch nicht zum Abendessen. Dafür hatte ich am Abend aber noch eine sehr interessante Unterhaltung mit einem Theologiestudenten aus Amerika, der in der Nähe der Banias-Quelle an einer Ausgrabung beteiligt ist.

Über den 4. Juni: Abreisetag, Shabbat

8 Uhr Abfahrt vom Ritz-Hotel. Heute fuhr endlich mal wieder Bassam, aber sein Bus war kaputt, und so war es ziemlich abenteuerlich.

Schon kurz vor 9 Uhr waren wir in Tel Aviv, und das Flugzeug, wieder eine Boeing 707, hob sogar pünktlich ab. In Frankfurt gab's letzte Verabschiedungszeremonien. Im Zug unterhielten wir uns noch mit Pfarrer K., Cornelia, Bauers und einer Israelitin, die mit uns im Abteil saß.

Ca. um 21 Uhr waren wir dann zu Hause, nachdem wir gleich von Regen und Kälte empfangen worden waren.